盐邑瑰宝

——海盐县博物馆馆藏文物精选

海盐县博物馆　编著

文物出版社

封面设计：周小玮

责任印制：陆　联

责任编辑：黄　曲

图书在版编目 (CIP) 数据

盐邑瑰宝：海盐县博物馆馆藏文物精选 / 海盐县博
物馆编著 . —— 北京：文物出版社 , 2012.5

ISBN 978-7-5010-3424-6

Ⅰ . ①盐… Ⅱ . ①海… Ⅲ . ①博物馆 – 历史文物 – 介
绍 – 海盐县 Ⅳ . ① K872.554

中国版本图书馆 CIP 数据核字 (2012) 第 047462 号

盐邑瑰宝

海盐县博物馆馆藏文物精选

海盐县博物馆　编著

＊

文物出版社出版发行

（北京东直门内北小街 2 号楼）

http://www.wenwu.com

E-mail:web@wenwu.com

影天印业有限公司印制

新 华 书 店 经 销

889×1194　1/16　印张 15.5

2012 年 5 月第 1 版第 1 次印刷

ISBN 978-7-5010-3424-6

定价：280.00 元

《盐邑瑰宝——海盐县博物馆馆藏文物精选》编辑委员会

主　　编：李　林

副 主 编：王依依

编　　委：周祝军　　何东风　　吴　巍

　　　　　万　金　　姚莉英　　赵晓春

　　　　　江龙昌　　张耀明　　李　瑛

　　　　　孔秋敏

目　录

商周时期 ············· 127—147
陶器、原始瓷

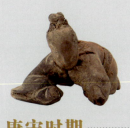

汉六朝时期 ·························· 149–181

唐宋时期 ·························· 183–207

绪论

    神奇美丽、古朴迷人的海盐县，地处浙江北部杭嘉湖平原，东濒杭州湾，西邻海宁市，北连平湖市和嘉兴市，县域陆地面积 507 平方公里，江口海湾面积 565 平方公里，素来以"鱼米之乡、丝绸之府、文化之邦、旅游之地、核电之城"著称。其凭借优越的地理位置和温润的气候环境，于中国东海之畔已沉浮两千多个春秋之久。公元前 222 年，秦王嬴政在原越地设会稽郡（今苏州），始置县曰海盐。因"海滨广斥，盐田相望"（《寰宇记》）而得其名。至此，海盐便以有确切史料记载的形式静静偏安于杭州湾一隅。虽经沧海桑田，尘世变幻，虽百千年沉浮若梦，然"海盐"这一县名却沿用至今。历史的烟尘埋不没，几经重创摧不毁，回眸间，时光已逝两千载，自古海盐人民伴海而生，造就了波澜壮阔且光辉灿烂的文明，亦如承载着岁月变迁的长篇史诗，在亘古长夜中演绎着它的永恒。

    历史的经验告诫我们，失去的注定不会再现，然而无数古迹、史料的存留，却给我们提供了回望那段被遗忘历史的可能。久远的鲍郎盐场，神圣的金粟寺，繁荣的澉浦大港，壮观的鱼鳞石塘……仿佛一张张海盐儿时的老照片，遥远却真实。揭开这些尘封历史的片瓦，我们似乎找到更多关于海盐的"前尘往事"，一幅描绘海盐"由古溯今"的长篇画卷，已渐渐在我们面前展现。

一

    海盐先民活动的踪迹最早可追溯到距今 6000 多年的新石器时代马家浜文化阶段。1959 年，海盐沈荡彭城遗址在农田建设的劳作过程中被偶然发现，浙江省文物管理委员会很快便对其进行了抢救性发掘，发现了以夹砂红陶和大量兽骨为主的古人类文化遗存。令人兴奋的是，考古工作者们在一块矮圈足陶器下腹至底部残片上，发现有人面纹饰。1982 年第二次全国文物普查时，考古工作者们又采集到骨镞、骨镖、三足器和钵、盆、釜等残片。两次发现表明，彭城遗址下层属典型的马家浜文化晚期地层，可见距今 6000 多年前，这里就已有人类繁衍生息。

　　继马家浜文化之后，以太湖流域为根据地的新石器时代文化进入全新的崧泽文化阶段。海盐的王坟、仙坛庙都属典型的崧泽文化遗址。1994年夏，浙江省文物考古研究所和海盐县博物馆联合对西塘桥镇王坟遗址进行抢救性考古发掘。发掘证实，该遗址下层属崧泽文化时期的文化堆积层，出土了大量陶器、陶片、石器和骨角器等。在四口水井中，还出土了一批以崧泽文化风格为主要特点的陶器，其中不乏漆绘陶觚形杯、朱砂陶罐等罕见的陶器精品。出土遗物表明，当时的人们已由极为原始的渔猎、采摘转向畜牧和农业，其文明程度较之马家浜文化时期已明显跨进了一大步。

　　百步镇仙坛庙遗址是一处典型的聚落遗址，其所处时代早自崧泽文化早期，晚至良渚文化晚期。从崧泽文化早期人工堆筑的土台，到良渚文化时期扩建的土台；从崧泽文化早期的建筑遗迹，到良渚文化中晚期器盖上的干栏式建筑图案；从崧泽文化早期墓葬，到良渚文化晚期墓葬，皆真实呈现出该聚落在千余年历史长河中的绵延发展，犹如一幅生生不息的动人长卷，为探索和研究崧泽文化与良渚文化的聚落形态及其营建模式提供了非常重要的资料。而在崧泽文化晚期至良渚文化早期墓葬出土的一批彩绘或涂朱陶器则较其他出土文物显得更加弥足珍贵。

　　海盐是良渚文化的重要分布区域之一，自1982年第二次全国文物普查以来，境内先后发现良渚文化遗址20余处。其中，进行抢救性考古发掘的龙潭港遗址和周家浜遗址都取得较大收获。龙潭港遗址清理出一处良渚文化时期祭祀遗迹的红烧土迹象和20座墓葬，发现一批制作精美的碧绿色玉礼器和几件器表刻有精美纹饰的陶礼器。周家浜遗址除发现两座土台和一批墓葬外，还出土了一件较为完整的镶嵌有玉背（冠状器）的象牙梳，这一发现对多年来玉"冠状器"用途的课题研究提供了不可多得的实物依据。

二

　　随着代表中国早期文明起源的良渚文化整体消失后，历史的脚步已悄然踏进以印纹陶器和原始瓷器为典型器的马桥文化时期，并且从石器时代过渡到青铜时代。此后海盐的历史逐渐进入春秋战国时期，该地区自然成为吴越争霸的战场。传说中的马嗥城，吴越八城之一的欿城，馆藏的铜钺、剑、矛、戈、箭镞等，无不从实物的角度印证了这段几千年来脍炙人口的历史文献记载。馆藏的铜镰、耨、锄、锸等农具，表明当时农业发展水平迅速提高，已进入精耕细作阶段。海盐黄家山战国土墩墓出土的成组原始瓷甬钟、勾鑃、錞于、泥质陶纽钟、磬等随葬品，器形独特、纹饰精美，是不可多得的服务于礼乐的珍品。

公元前222年，秦王嬴政推行郡县制，海盐成为建制最早的县之一。煮海擅盐利，海盐自汉初始，就是官府煮盐的重地，吴王濞曾在马嗥城置司盐校尉，武帝遣盐铁丞作官府鬻盐，会稽郡内唯海盐一地设置盐官，此亦为海盐设官置场之始，两浙榷盐也由此始。盐业经济的兴旺促进了社会的发展和其他经济产业的繁荣，龙潭港遗址上层汉墓群出土的大量鼎、盒、壶、瓿、罐等高温硬陶和釉陶器，伴出的铜镜、钱币、铁制兵器等，都说明了当时生产工具得到前所未有改进的事实，足以佐证当时经济之繁荣、社会之昌盛。

至东汉末年，三国鼎立，天下由合转分。由于连年混战，中原人相继大量避难南迁，江南一带人口骤增，引发区域土地的空前开垦，也为此地造就了江南粮仓的美誉。东汉六朝墓葬的大量出现和铭刻"蜀师"墓砖的发现，依稀而真切地讲述着当时这里人口密度高、社会经济快速发展、文化交流频繁的旧事。东汉六朝墓葬较为集中的地点是海盐县城东南的南台头及附近区域，出土随葬品以青瓷器为主，常见器形有罐、壶、罍、盘、碗、钵、灯、水盂、虎子、灶台等，另有狮形烛台、羊形水注、熊足砚、子母羊塑等动物造型的瓷器，更有造型独特的釉陶堆塑五联罐。1976年在南台头发现并清理的砖室墓，除出土青瓷罐和一方上铸"丁升"的龟纽铜套印外，其他均为低温绿釉陶器，有案、耳杯、钵、勺、盆、高足盆、堆塑五联罐等，这种低温绿釉陶器在浙江地区实属罕见。

三

隋唐五代时期，大运河的开凿促进了江南经济的迅速发展。至宋元时期，海盐凭借澉浦海港码头的兴起，社会经济得以迅猛发展。早在宋代以前澉浦就已是浙北区域重要的对外通商港口，船舶往返频繁。自南宋建都临安后，澉浦便"成畿辅地，为对外通商港口，且内有古驿道通杭州，遂民居辐辏，商客云集"。南宋开禧元年（公元1205年）置澉浦水军驻扎此地，设统制摄领，隶属殿前司。发展到元朝，澉浦港更一跃成为全国四大港口之一。那时的澉浦，海商帆舶云集，经济繁荣，商业兴旺。澉浦港不但是国际贸易港、粮盐中转港，还是对外交往友好港。日本的遣使、佛僧，南洋西洋诸国的使臣、商人等纷至沓来。由于澉浦港在沟通海上交通、发展中外贸易、增进友好关系、传播中华文明方面有无可替代的作用，历朝政府均十分重视港务管理，如南宋淳祐六年（公元1246年）在澉浦设立市舶官，元至元十四年（公元1277年）立澉浦市舶司。1978年长山河出海排涝工程开挖过程中，在澉浦出土了九方宋代军印，进一步佐证了澉浦昔日的突出地位。另外，长山河工程还出土了几件宋元时期的龙泉窑鬲式炉、双鱼碗和器盖等，近几年在港口附近出土的大量龙泉窑瓷片、少量高丽瓷片等，都为当时商贸活动与对外文化交流提供了重要的明证。

1994年在海盐西塘桥发现并清理了一座宋墓，出土了一批武士、文官、"明四神煞"等陶俑，其中两件仿青铜泥质红陶兽足炉，制作精美，为宋代陶器之精品。

馆藏的元代文物，最重要的当属海盐天宁寺镇海塔地宫出土的一批佛教文物。吴赤乌年间，西域僧人康僧会在海盐六里茶院创建的金粟寺是江南最早的三大佛寺之一。此后的金粟寺高僧辈出，弘法东南，远播蓉城，东渡扶桑，衣钵传灯，梵音语录，高僧史迹，奕世流传，为弘扬佛法作出了巨大贡献。被誉为宋代名纸的金粟山藏经纸因金粟寺得名，而以一处寺院命名的藏经纸，历史上似仅有金粟纸一种。

镇海塔由名僧梵琦在后至元三年（公元1337年）主持创建。2000年在修建塔身时出土铁质鎏金阿育王塔、古钱币、经卷等文物。2003年9月，因纠偏加固的需要，对镇海塔地宫进行了清理，又出土大量文物。除贴金铜观音造像、叶腊石释迦牟尼造像外，众多青铜鬲式炉、钟、磬、净瓶、壶、簠、贯耳壶等宋元时期的仿制礼器，尚无发现先例，成为研究宋元冶金技术的实物依据。

四

海盐的历史是一部与海相惜相伴的历史。嘉靖年间，浙江水利金事黄光升在总结前人经验的基础上，成功修筑鱼鳞石塘，有效地抵御了海潮的入侵，因此鱼鳞石塘有"海上长城"之誉。海盐的海岸线还是一条抵御外寇侵略的无形防线。明初倭寇骚扰，朝廷在海盐城设海宁卫，下置乍浦、澉浦两个所，在戍守的范围内设十二寨，均驻守数量不等的驻兵；另外设有五十多处烽堠，用于"瞭海洋船，火报声息"。直到隆庆三年（公元1569年），倭患才渐渐平息。由于朝廷实行海禁及钱塘江入海口北岸泥沙冲积等影响，盛极一时的澉浦港渐渐衰微，并最终被废弃，商业贸易重心也逐渐转向位于长江口的上海。

由于政治及社会的相对稳定，明清两代江南商业化生产得到了迅速、持续的发展。位于该区域空间内的海盐也保持着经济文化持续发展的态势。这种发展势头，不仅表现在书院创办蔚然成风、私人藏书盛行的儒学传统方面，更与当时社会崇尚奢华的风气相吻合。馆藏文物中有一组明代墓葬出土的双层透雕玉带板，这12件大小不一的玉带板雕刻细腻、琢工精致、打磨光润，摆脱了前代的器形特点，在兼备传统艺术的同时形成了追求精雕细琢的艺术风格，是充分体现明代工艺制作水平的代表之作。此外，镇海塔天宫出土的铜狮形香炉、水晶洗、镇纸、鼻烟壶、瓷质暗八仙鼻烟壶、象形铜尊和各类玉质、木质、铜质、鎏金菩萨造像等，质地各异、造型生动，也是馆藏明清文物中的精品。

当面对这些精品文物时，我们不由得想起明代海盐人吴昂的《海上观潮》一诗：

大海波澜属大观，况当秋半盛风湍。

千年地缺谁能补，百丈潮头势欲颠。

图作巨防须帝力，敢言幻劫付桑田。

杞忧琐琐徒喧耳，几许精诚可动天。

海盐还有太多未完的故事需要去书写，然而再华美的辞藻也无法演绎曾经历过，却早已化作飘渺的辉煌历史。前人及其属于他们的历史只能代表过去，现在与未来才是留给那些先民的子孙们的一份需要大胆、谨慎书写的空白答卷，这属于未来的"名垂青史"将成就于海盐后代子孙之手。

新石器时代

1. 骨镖

马家浜文化

长 4.6 厘米

彭城遗址出土

2. 骨镞
马家浜文化
长 6.9 厘米
彭城遗址出土

3. 骨哨

崧泽文化
长 7.7 厘米
王坟遗址出土

4. 野猪獠牙冠饰

良渚文化

龙潭港遗址出土

5. 牙镞

良渚文化

长 4.1～5.2 厘米

龙潭港遗址出土

6.骨镞

良渚文化

龙潭港遗址出土

7. 象牙端饰

良渚文化
高 5 厘米，底径 5.2 厘米
龙潭港遗址出土

8. 鹿角靴形器

良渚文化

高 7 厘米

龙潭港遗址出土

9. 玉背象牙梳

良渚文化

通高 10.5 厘米，玉背顶宽 6.4 厘米，象牙梳上宽 4.7 厘米，厚 0.6 厘米

周家浜遗址出土

10. 石钺

崧泽文化

高 11.8 厘米，宽 8.8 厘米，孔径 2 厘米，厚 1.8 厘米

仙坛庙遗址出土

11. 石钺

崧泽文化

高 15.3 厘米，宽 8.5 厘米，孔径 2 厘米，厚 1.2 厘米

仙坛庙遗址出土

12. 石钺

崧泽文化

高 17.6 厘米，宽 8.1 厘米，孔径 1.8 厘米，厚 1.5 厘米

仙坛庙遗址出土

13. 石钺

崧泽文化

高 12.4 厘米，宽 10 厘米，孔径 2.2 厘米，厚 0.9 厘米

仙坛庙遗址出土

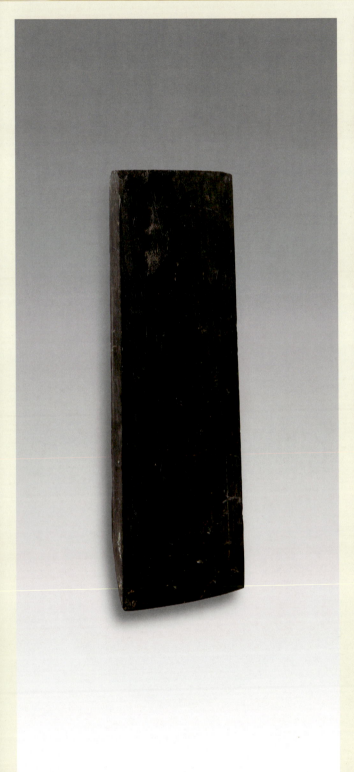

14. 石锛

崧泽文化

高 19 厘米，刃宽 6.2 厘米，厚 1.4 厘米

仙坛庙遗址出土

15. 石锛

崧泽文化

高 21.9 厘米，宽 4.2 厘米，厚 3.2 厘米

仙坛庙遗址出土

16. 石凿

崧泽文化

残长 12.1 厘米，宽 2.8 厘米，厚 2.9 厘米

仙坛庙遗址出土

17. 石纺轮

崧泽文化

直径 5.8 厘米，孔径 0.6 厘米，厚 1 厘米

仙坛庙遗址出土

18. 石斧

良渚文化

高 10.5 厘米，宽 4 厘米，孔径 0.8 厘米，厚 2 厘米

龙潭港遗址出土

19. 石钺

良渚文化
高 10.1 厘米，宽 7.7 厘米，孔径 1.9 厘米，厚 1.2 厘米
龙潭港遗址出土

20. 石钺

良渚文化

高 13.8 厘米，宽 11.5 厘米，孔径 2.3 厘米，厚 1.3 厘米

西长浜遗址出土

21. 石钺

良渚文化
高 13.2 厘米，宽 6.9 厘米，孔径 1.65 厘米，厚 0.9 厘米
龙潭港遗址出土

22. 石钺

良渚文化
高 15.1 厘米，宽 11.9 厘米，孔径 2.4 厘米，厚 0.8 厘米
龙潭港遗址出土

23. 石钺

良渚文化
高 7.5 厘米，宽 10.4 厘米，孔径 1.9 厘米，厚 1 厘米
仙坛庙遗址出土

24. 有肩石钺

良渚文化

高 19.8 厘米，宽 20 厘米，孔径 6.6 厘米，厚 0.6 厘米

仙坛庙遗址出土

25. 有段石锛

良渚文化

高 14.5 厘米，宽 3.6 厘米，厚 2.6 厘米

高地遗址出土

26. 有段石锛

良渚文化

高 7.6 厘米，宽 3.6 厘米，厚 1.4 厘米

六里遗址出土

27. 有段石锛

良渚文化

高 7.4 厘米，宽 6.0 厘米，厚 1 厘米

西长浜遗址出土

28. 石凿

良渚文化
高 9.1 厘米，宽 3.9 厘米，厚 3.7 厘米
高地遗址出土

29. 石镰

良渚文化

长 18 厘米，宽 5.5 厘米，厚 1 厘米

仙坛庙遗址出土

30. 石镰

良渚文化
残长 23.6 厘米，宽 9 厘米，厚 0.9 厘米
仙坛庙遗址出土

31. 石镰

良渚文化

长 12.4 厘米，宽 4.3 厘米，厚 0.8 厘米

王坟遗址出土

32. 石镰

良渚文化

长 26.6 厘米，宽 6.9 厘米，厚 1 厘米

六里遗址出土

33. 三孔石刀

良渚文化

高 7.5 厘米，宽 20.4 厘米，厚 1 厘米

王桥遗址出土

34. 三孔石刀

良渚文化

高 15 厘米，宽 27 厘米，孔径 1.2 厘米，厚 0.4 厘米

西长浜遗址出土

35. 双孔石刀

良渚文化

高 6.3 厘米，宽 17 厘米，孔径 1.3 厘米，厚 1.5 厘米

周家浜遗址出土

36. 双孔石刀

良渚文化

高 4.5 厘米，宽 15.5 厘米，孔径 0.7 厘米，厚 0.6 厘米

六里遗址出土

37. 石刀

良渚文化

长 17 厘米，高 6.9 厘米，厚 0.7 厘米

仙坛庙遗址出土

38. 斜柄石刀

良渚文化

高 22.8 厘米，宽 20.2 厘米，厚 2.6 厘米

六里遗址出土

39. 石耘田器

良渚文化

高 6.4 厘米，长 15 厘米，孔径 2.2 厘米，厚 0.5 厘米

六里遗址出土

40. 石破土器
良渚文化
高 16.4 厘米，刃宽 24.5 厘米，厚 1.7 厘米
高地遗址出土

41. 石破土器

良渚文化

高 18.5 厘米，刃宽 25 厘米，厚 2 厘米

高坟遗址出土

42. 石破土器

良渚文化

高 25.9 厘米，刃宽 37.5 厘米，厚 2.7 厘米

征集

43. 玉钺

崧泽文化

高 10 厘米，孔径 1.9 厘米，厚 0.8 厘米

仙坛庙遗址出土

44. 玉钺

崧泽文化

残高 11 厘米，宽 9.4 厘米，厚 2 厘米

仙坛庙遗址出土

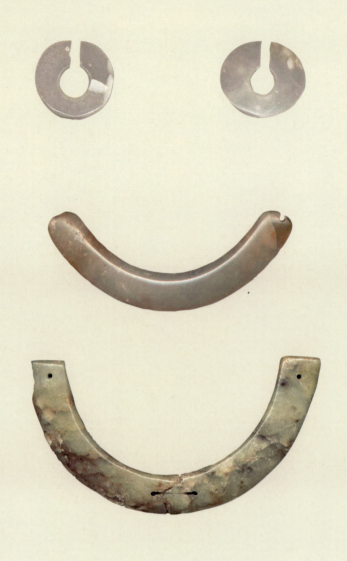

45. 玉玦、璜，玛瑙璜

崧泽文化

玉玦（2件）：直径2.9～3.1厘米，孔径0.9～1厘米，厚0.4厘米

玛瑙璜：长8.8厘米，高2.5厘米，厚1厘米

玉璜：长10.5厘米，高5.5厘米，厚0.7厘米

仙坛庙遗址出土

46. 玉玦、玛瑙管

崧泽文化

玉玦（2件）：直径2.6厘米，孔径0.6～0.7厘米

厚0.5～0.6厘米

玛瑙管：长3.7厘米，直径1.3厘米，孔径0.5厘米

仙坛庙遗址出土

47. 玉璜、管

崧泽文化

璜：长6.5厘米，高2.7厘米，厚0.4厘米

管（2件）：长1.5～1.6厘米，直径1.3厘米

孔径0.4～0.5厘米

仙坛庙遗址出土

48. 玉镯

崧泽文化

直径 8.3 厘米，孔径 5.7 厘米，厚 0.9 厘米

仙坛庙遗址出土

49. 玉头饰、耳饰、环、璜

崧泽文化

头饰（4件）：长 2.2 ～ 3.4 厘米

耳饰（2件）：直径 1.2 ～ 1.3 厘米

环（2件）：直径 2.3 厘米，孔径 0.9 ～ 1 厘米，厚 0.2 ～ 0.3 厘米

璜：长 7.7 厘米，宽 1.2 厘米

仙坛庙遗址出土

50. 龙形玉饰

崧泽文化

长 1.1 厘米，宽 1.1 厘米，孔径 0.5 厘米，厚 0.4 厘米

仙坛庙遗址出土

51. 玉钺

良渚文化

高 13.2 厘米，宽 6.9 厘米，孔径 1.65 厘米，厚 0.8 厘米

龙潭港遗址出土

52. 玉钺

良渚文化

高 15.9 厘米，宽 11.5 厘米，孔径 1.4 厘米，厚 0.8 厘米

仙坛庙遗址出土

53. 玉璧

良渚文化

直径 20 厘米，孔径 4.4 厘米，厚 1.3 厘米

龙潭港遗址出土

54. 玉璧

良渚文化

直径 20 厘米，孔径 4.4 厘米，厚 1.5 厘米

龙潭港遗址出土

55. 玉环
良渚文化
直径 11.4 厘米，孔径 6.3 厘米，厚 1.7 厘米
仙坛庙遗址出土

56. 玉镯
良渚文化
直径6.7厘米，孔径5.6厘米，高2.4厘米
龙潭港遗址出土

57. 玉镯

良渚文化

直径 7.1 厘米，孔径 5.4 厘米，高 3.7 厘米

龙潭港遗址出土

58. 玉镯

良渚文化

直径 7 厘米，孔径 6 厘米，高 2.6 厘米

龙潭港遗址出土

59. 玉梳背

良渚文化

长 7.5 厘米，高 3.1 厘米，厚 0.4 厘米

龙潭港遗址出土

60. 玉锥形饰
良渚文化
长 6.1 厘米，截面边长 0.78 厘米
龙潭港遗址出土

61. 玉锥形饰
良渚文化
长 5.8 厘米，截面边长 0.65 厘米
龙潭港遗址出土

62. 玉锥形饰

良渚文化

龙潭港、西长浜等遗址出土

63. 玉柱形器

良渚文化

左：上径 2.5 厘米，下径 2.2 厘米，高 3.45 厘米，孔径 0.75～1 厘米

右：上径 2.7 厘米，下径 2.3 厘米，高 3.45 厘米，孔径 0.75～1.1 厘米

龙潭港遗址出土

64. 玉管

良渚文化

高 1.9 ~ 2 厘米, 上径 1.4 厘米, 下径 1.6 厘米

龙潭港遗址出土

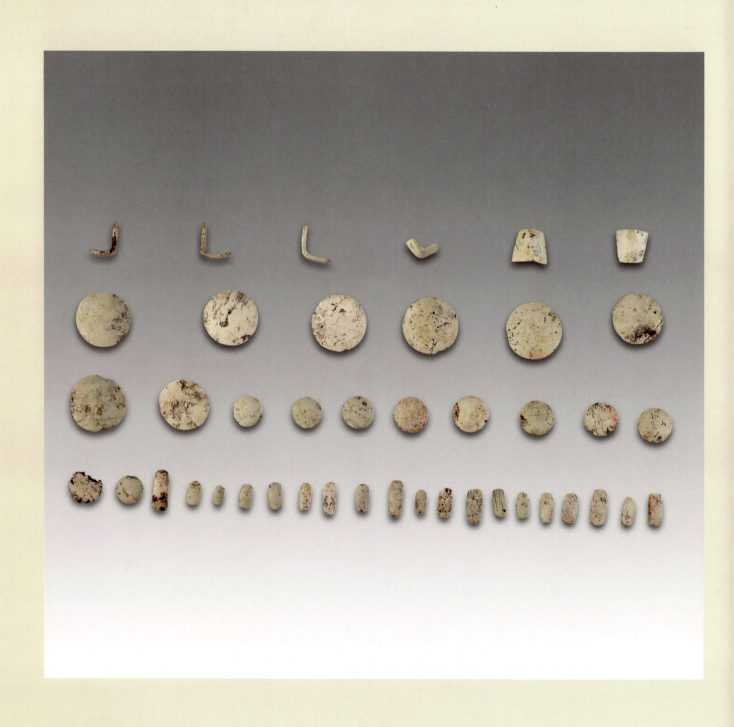

65. 漆盒镶嵌玉饰

良渚文化

龙潭港遗址出土

66. 陶三足器

马家浜文化

口径 10.8 厘米，高 13.3 厘米

彭城遗址出土

67. 陶拍

马家浜文化

上径 4.2 厘米，底径 7.7 厘米，残高 8.4 厘米

彭城遗址出土

68. 陶釜

崧泽文化

口径 11.9 厘米，高 13.8 厘米

仙坛庙遗址出土

69. 陶釜

松泽文化

口径 11.7 厘米，高 13.2 厘米

仙坛庙遗址出土

70. 陶鼎

崧泽文化

口径 16.2 厘米，高 20 厘米

仙坛庙遗址出土

71. 陶鼎

崧泽文化

口径 15.2 厘米，高 18.9 厘米

仙坛庙遗址出土

72. 陶鼎
崧泽文化
口径 10.8 厘米，高 13 厘米
仙坛庙遗址出土

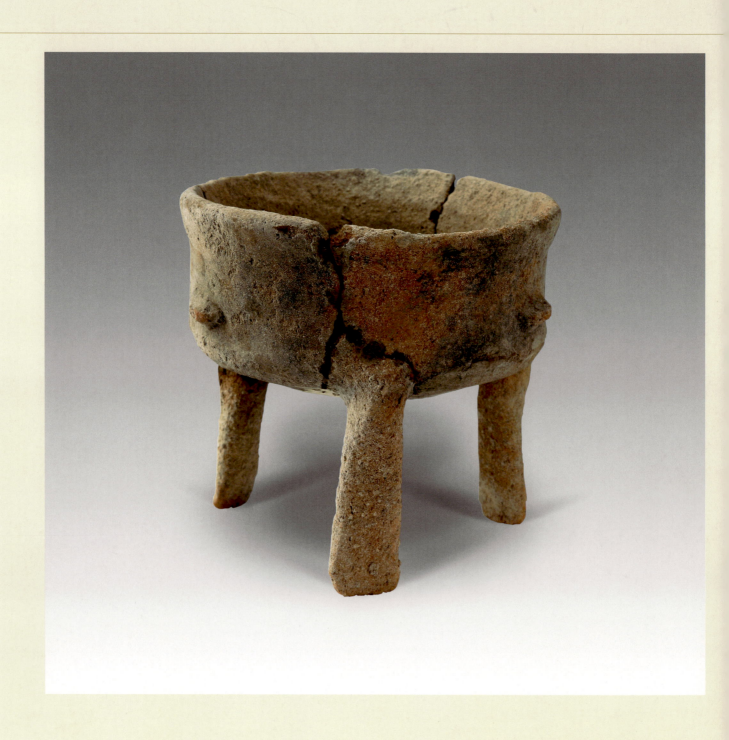

73. 陶鼎

崧泽文化

口径 16.3 厘米，高 15.6 厘米

仙坛庙遗址出土

74. 陶鼎

松泽文化

口径 15.7 厘米，高 26.8 厘米

窑墩遗址出土

75. 陶豆

崧泽文化

口径 21.3 厘米，底径 17.7 厘米，高 19.2 厘米

仙坛庙遗址出土

76. 陶豆

崧泽文化

口径 22.6 厘米，底径 13.6 厘米，高 16.2 厘米

仙坛庙遗址出土

77. 罐形陶豆

崧泽文化

口径 12.5 厘米，底径 16.6 厘米，高 25.4 厘米

仙坛庙遗址出土

78. 朱漆陶豆

崧泽文化

口径 18.6 厘米，底径 15.3 厘米，高 22.7 厘米

仙坛庙遗址出土

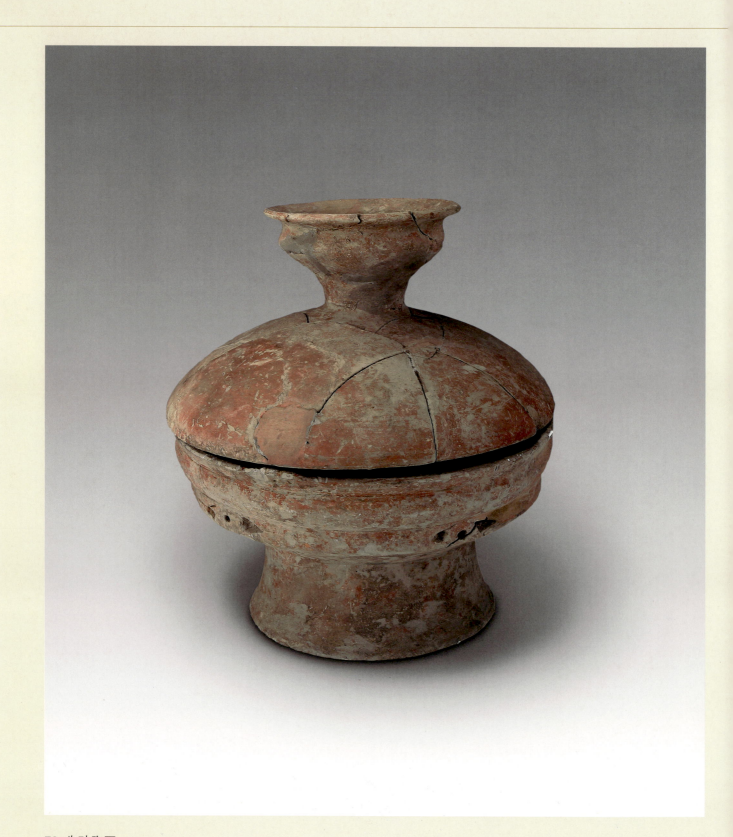

79. 朱砂陶豆

崧泽文化

口径 18.4 厘米，底径 12.8 厘米，通高 18.6 厘米

仙坛庙遗址出土

80. 陶壶

崧泽文化

口径 10.5 厘米，高 13 厘米

仙坛庙遗址出土

81. 陶三足壶

崧泽文化

口径 4.8 厘米，腹径 13 厘米，高 16 厘米

仙坛庙遗址出土

82. 陶长颈壶

崧泽文化

口径 7.4 厘米，底径 6 厘米，高 21 厘米

仙坛庙遗址出土

83. 陶双口壶

崧泽文化

口径 4.6 厘米，底径 6.2 厘米，高 17.6 厘米

仙坛庙遗址出土

84. 朱砂彩绘陶壶

崧泽文化

口径 6.8 厘米，底径 5.8 厘米，通高 15.8 厘米

仙坛庙遗址出土

85. 陶壶

崧泽文化

口径 7.2 厘米，底径 6.9 厘米，通高 16.6 厘米

仙坛庙遗址出土

86. 陶壶

崧泽文化

口径 4.8 厘米，底径 5 厘米，通高 11.6 厘米

周家浜遗址出土

87. 陶鸭形壶

崧泽文化

口径4厘米，底径5.3厘米，高8.3厘米

窑墩遗址出土

88. 陶提梁壶

崧泽文化

口径 7.6 厘米，底径 8 厘米，高 13.5 厘米

王坟遗址出土

89. 陶罐

崧泽文化

口径 11.7 厘米，底径 10.7 厘米，高 16.7 厘米

漂母墩遗址出土

90. 陶罐

崧泽文化

口径 9.7 厘米，底径 11.7 厘米，高 18 厘米

盖径 8.4 厘米，高 4 厘米

王坟遗址出土

91. 陶罐

松泽文化

口径 12.5 厘米，底径 9.5 厘米，高 9.3 厘米

王坟遗址出土

92. 朱砂陶罐

崧泽文化

口径 5.3 厘米，底径 4.2 厘米，高 7 厘米

王坟遗址出土

93. 陶匜

崧泽文化

口径 14.8 厘米，高 14 厘米

仙坛庙遗址出土

94. 彩绘陶钵

崧泽文化

口径 24.4 厘米，高 8.6 厘米

仙坛庙遗址出土

95. 漆绘陶觚形杯

崧泽文化

口径 4.5 厘米，底径 4.8 厘米，高 11.1 厘米

王坟遗址出土

96. 陶研磨器

松泽文化

口径 26.8 厘米，高 13 厘米

王坟遗址出土

97. 陶缸

崧泽文化

口径 35 厘米，高 40.8 厘米

仙坛庙遗址出土

98. 陶支座
崧泽文化
高 12.2 厘米
王坟遗址出土

99. 陶鼎

良渚文化

口径 15 厘米，通高 21.6 厘米

仙坛庙遗址出土

100. 陶鼎

良渚文化

口径 23.4 厘米，通高 28.4 厘米

龙潭港遗址出土

101. 陶鬶

良渚文化

口径 15.8 厘米，通高 31 厘米

龙潭港遗址出土

102. 陶豆

良渚文化

口径 18 厘米，底径 13.5 厘米，通高 16 厘米

仙坛庙遗址出土

103. 陶豆

良渚文化

口径 18.7 厘米，底径 14.4 厘米，高 16.5 厘米

龙潭港遗址出土

104. 陶三足盆

良渚文化

口径 15.1 厘米，高 9.5 厘米

龙潭港遗址出土

105. 陶双鼻壶

良渚文化

口径 8.9 厘米，底径 11 厘米，通高 18.2 厘米

周家浜遗址出土

106. 陶双鼻壶

良渚文化

口径 9 厘米，底径 10.6 厘米，通高 19.9 厘米

周家浜遗址出土

107. 陶壶

良渚文化

口径 5.4 厘米，底径 5 厘米，通高 11.2 厘米

西长浜遗址出土

108. 陶壶

良渚文化

通长 15.5 厘米，底径 7.6 厘米，高 11.7 厘米

龙潭港遗址出土

109. 陶宽把杯

良渚文化

通长 24.5 厘米，底径 11.2 厘米，高 18.7 厘米

龙潭港遗址出土

110. 陶宽把杯

良渚文化

通高 10 厘米，底径 11.2 厘米

仙坛庙遗址出土

111. 陶宽把杯

良渚文化

通长 21 厘米, 口径 14 厘米, 高 15.3 厘米

龙潭港遗址出土

112. 鸟首把陶杯

良渚文化

口径 8 厘米，底径 7.2 厘米，高 9.2 厘米

六里遗址出土

113. 陶杯

良渚文化

口径 8.4 厘米，底径 7.5 厘米，通高 12.2 厘米

西长浜遗址出土

114. 陶罐

良渚文化

口径 4.8 厘米，底径 12 厘米，通高 16.4 厘米

仙坛庙遗址出土

115. 陶双唇罐

良渚文化

口径 12 厘米，底径 11.6 厘米，通高 18.6 厘米

仙坛庙遗址出土

116. 陶鬶

良渚文化

口径 6.9 厘米，高 19.6 厘米

丰泉桥遗址出土

117. 陶簋

良渚文化

口径 17.4 厘米，底径 12.3 厘米，高 8.6 厘米

仙坛庙遗址出土

118. 陶尊

良渚文化

口径 12.8 厘米，底径 10.3 厘米，高 14.5 厘米

西长浜遗址出土

119. 陶大口尊

良渚文化

口径 10 厘米，底径 5.9 厘米，高 8 厘米

周家浜遗址出土

120. 陶缸

良渚文化

口径 40 厘米，高 42 厘米

王坟遗址出土

121. 陶器盖

良渚文化

口径 14.5 厘米，高 3.3 厘米

仙坛庙遗址出土

122. 陶釜

马桥文化

口径 19 厘米，高 15 厘米

西长浜遗址出土

123. 陶釜

马桥文化

口径 21.4 厘米，高 15.5 厘米

烧箕浜遗址出土

124. 陶罐

马桥文化

口径 10.5 厘米，底径 7 厘米，高 13.4 厘米

杨家殿遗址出土

125. 陶罐
马桥文化
口径 14 厘米，底径 10.3 厘米，高 17.4 厘米
征集

商周时期

126. 原始瓷罐

商周时期

口径9厘米，底径5厘米，高10.6厘米

刘家亭遗址出土

127. 硬陶罐

西周

口径 12.9 厘米，底径 15.1 厘米，高 15.3 厘米

东厨舍遗址出土

128. 硬陶罐

西周

口径 11.2 厘米，底径 13.2 厘米，高 14.5 厘米

黄家堰水下遗址出土

129. 硬陶罐

西周

口径 10.9 厘米，底径 12 厘米，高 9.8 厘米

东厨舍遗址出土

130. 陶盆

西周

口径 17.7 厘米，底径 12.4 厘米，高 9 厘米

东厨舍遗址出土

131. 硬陶瓮

战国

口径 21.7 厘米，底径 17.4 厘米，高 54.3 厘米

高地遗址出土

132. 原始瓷甬钟

战国
高 32.3 厘米
黄家山墓葬出土

133. 原始瓷勾鑃
战国
高 44.4 厘米
黄家山墓葬出土

134. 原始瓷錞于

战国

高 38.3 厘米，口径 18.4 厘米

黄家山墓葬出土

135. 原始瓷镇

战国

高 7.6 厘米，底径 7 厘米

黄家山墓葬出土

136. 陶纽钟
战国
高 14.3 厘米，口径 12.8 厘米
黄家山墓葬出土

137. 陶磬

战国

长 21.2 厘米，宽 10 厘米，厚 1.6 厘米

黄家山墓葬出土

138. 铜鬲

商周

口径 16 厘米，高 23.2 厘米

东厨舍遗址出土

139. 铜镰

西周

长 11.7 厘米，宽 7 厘米，厚 0.8 厘米

征集

140. 铜钺

春秋

高 10.9 厘米，刃宽 13 厘米，厚 1.7 厘米

征集

141. 铜锸

春秋

高 6.3 厘米，刃宽 8.2 厘米，厚 2 厘米

长山河六里段出土

142. 铜耨

春秋

长 16 厘米, 宽 15.5 厘米, 厚 1.2 厘米

长山河六里段出土

143. 铜戈

春秋战国

长 15.4 厘米，宽 10.4 厘米，厚 0.9 厘米

长山河六里段出土

144. 铜矛

战国

长 20.3 厘米，宽 3.3 厘米，厚 2.2 厘米

长山河六里段出土

145. 铜锄

战国

高 10.9 厘米，刃宽 9.3 厘米，厚 2.4 厘米

长山河六里段出土

汉六朝时期

146. 铜双耳盆

汉代

口径 16.1 厘米，通高 8 厘米

南台头墓葬出土

147. 铜鐎斗

汉代
口径 11.7 厘米，高 24.3 厘米
征集

148. 铜熨斗

汉代
长 38 厘米，宽 16.3 厘米，高 4.2 厘米
征集

149. 陶罐

汉代

口径 11.8 厘米，底径 10 厘米，高 23.5 厘米

征集

150. 硬陶双唇双系罐

汉代

内口径 12.3 厘米，外口径 25.4 厘米，底径 15.5 厘米，高 30.7 厘米

征集

151. 硬陶钟

汉代

口径 14.9 厘米，底径 17.1 厘米，高 32.5 厘米

征集

152. 硬陶双耳壶

汉代

口径 12.4 厘米，底径 13.5 厘米，高 32.3 厘米

征集

153. 釉陶罍

汉代

口径 27.2 厘米，底径 20.5 厘米，高 40 厘米

南台头墓葬出土

154. 釉陶双耳罐

汉代

口径 18.5 厘米，底径 14.5 厘米，高 21.5 厘米

南台头墓葬出土

155. 釉陶双耳罐

汉代

口径 13.4 厘米，底径 11 厘米，高 16.5 厘米

南台头墓葬出土

156. 釉陶双耳罐

汉代

口径 11 厘米，底径 10.5 厘米，高 18 厘米

南台头墓葬出土

158. 釉陶瓿
汉代
口径 12 厘米，底径 16 厘米，高 29.5 厘米
徐家桥汉墓出土

157. 釉陶堆塑五联罐
汉代
底径 17 厘米，高 46.2 厘米
南台头墓葬出土

159. 釉陶堆塑五联罐

三国

底径 20.4 厘米，高 52.3 厘米

南台头墓葬出土

160. 釉陶深腹盆

三国

口径 25.1 厘米，底径 14.4 厘米，高 12.8 厘米

南台头墓葬出土

161. 釉陶簋

三国

口径 19.8 厘米，底径 14.2 厘米，高 14.9 厘米

南台头墓葬出土

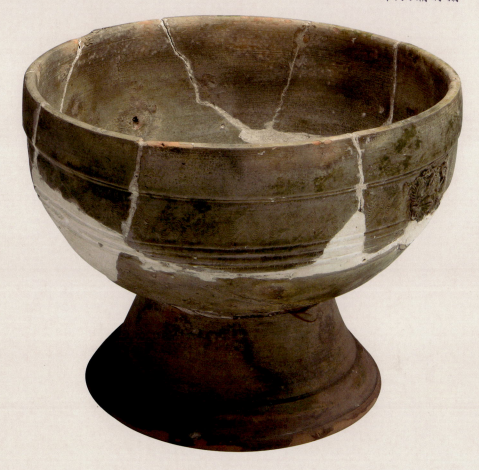

162. 釉陶耳杯

三国

口长 13.6 厘米，底长 8 厘米，高 4.3 厘米

南台头墓葬出土

163. 釉陶案几

三国

长 64.2 厘米，宽 44 厘米，高 13.5 厘米

南台头墓葬出土

164. 釉陶碗
三国
口径 9.2 厘米，底径 6.6 厘米，高 4 厘米
南台头墓葬出土

165. 釉陶勺
三国
口径 8 厘米，底径 3.2 厘米，残高 4.7 厘米
南台头墓葬出土

166. 釉陶盆

三国

口径 23.2 厘米，底径 14.5 厘米，高 4.3 厘米

南台头墓葬出土

167. 青瓷四系罐

三国

口径 10.7 厘米，底径 12 厘米，高 22 厘米

南台头墓葬出土

168. 青瓷灯盏

晋代

口径 10.4 厘米，底径 9.6 厘米，高 12 厘米

古荡河遗址出土

169. 青瓷羊形水注

晋代

长 15.5 厘米，宽 8.7 厘米，高 14 厘米

海盐城南墓葬出土

170. 青瓷虎子

晋代

口径 5.8 厘米，底径 13.3 厘米，高 20.5 厘米

朱家场墓葬出土

171. 青瓷褐彩子母羊塑

晋代

长8.6厘米，宽3.9厘米，高6.9厘米

朱家场墓葬出土

172. 青瓷熊足砚

晋代

口径 16.5 厘米，底径 16.6 厘米，高 4 厘米

朱家场墓葬出土

173. 青瓷褐彩水盂

晋代

口径 3.5 厘米，底径 3.4 厘米，高 3.5 厘米

征集

174. 青瓷水盂

南朝

口径 4.4 厘米，底径 4 厘米，高 3.4 厘米

高地遗址出土

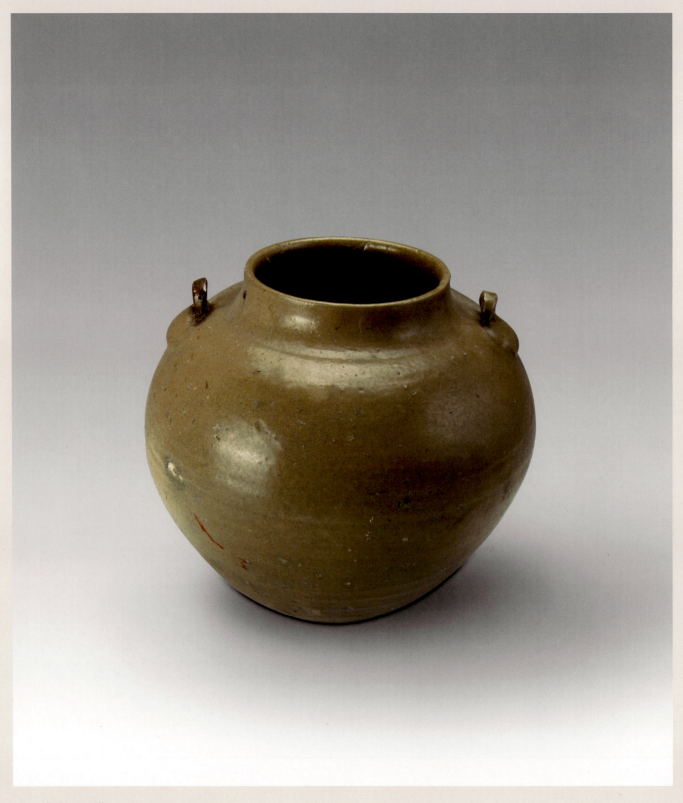

175. 青瓷双系罐

南朝

口径 11.5 厘米，底径 11.5 厘米，高 22.2 厘米

长山河澉浦段出土

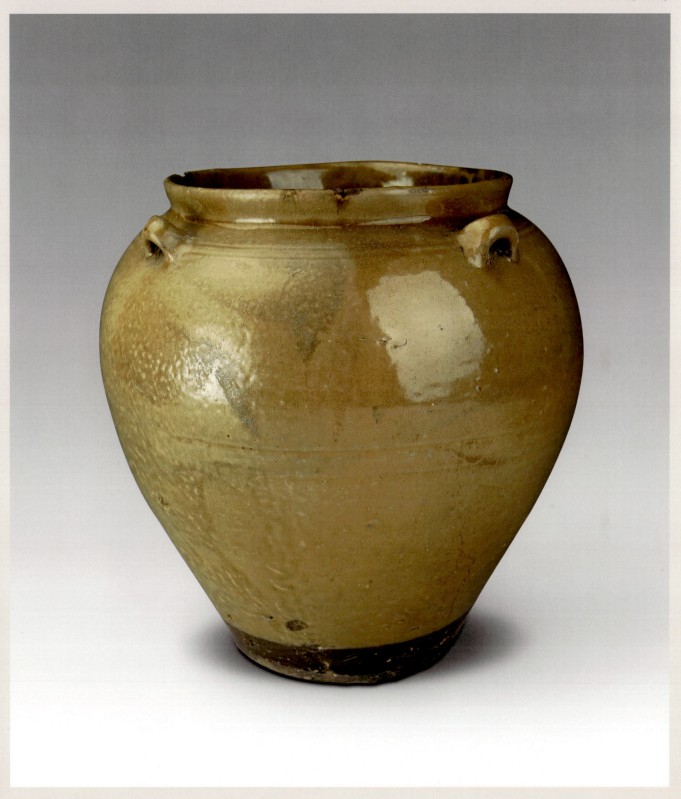

176. 青瓷四系罐

南朝

口径 16.3 厘米，底径 11.9 厘米，高 23 厘米

葛山墓葬出土

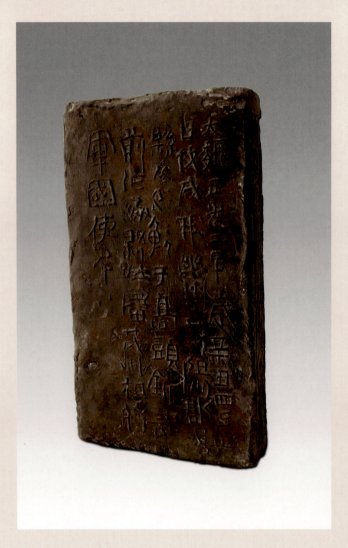

177. "茂州相将军国使令"砖

北魏

长 24.5 厘米，宽 14.1 厘米，厚 4.4 厘米

征集

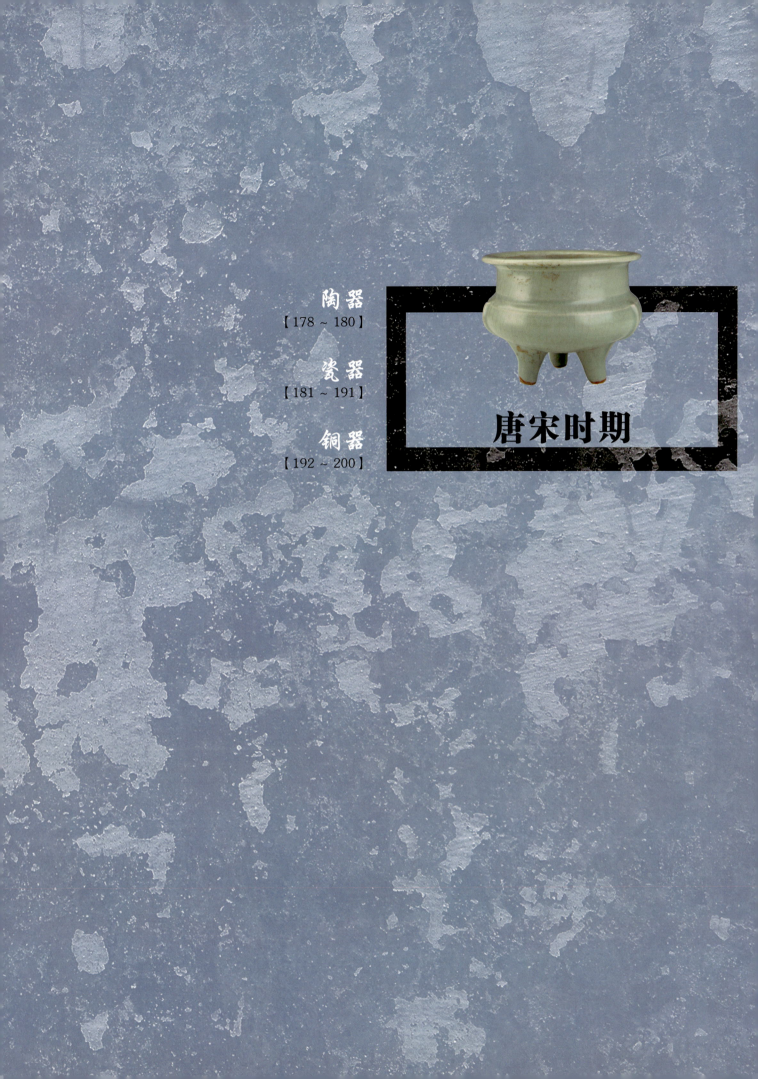

唐宋时期

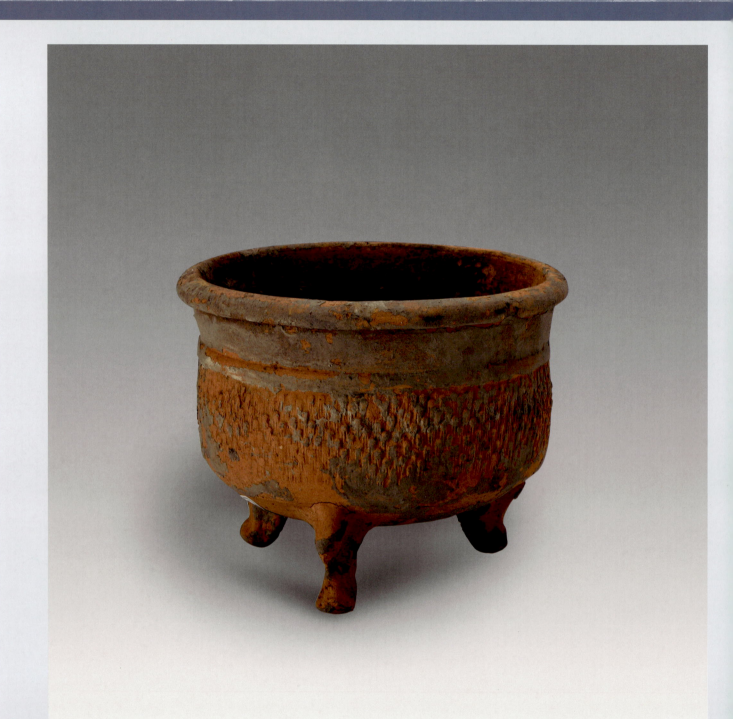

178. 陶兽足炉

宋代

口径 13.9 厘米，高 10.1 厘米

王坟遗址出土

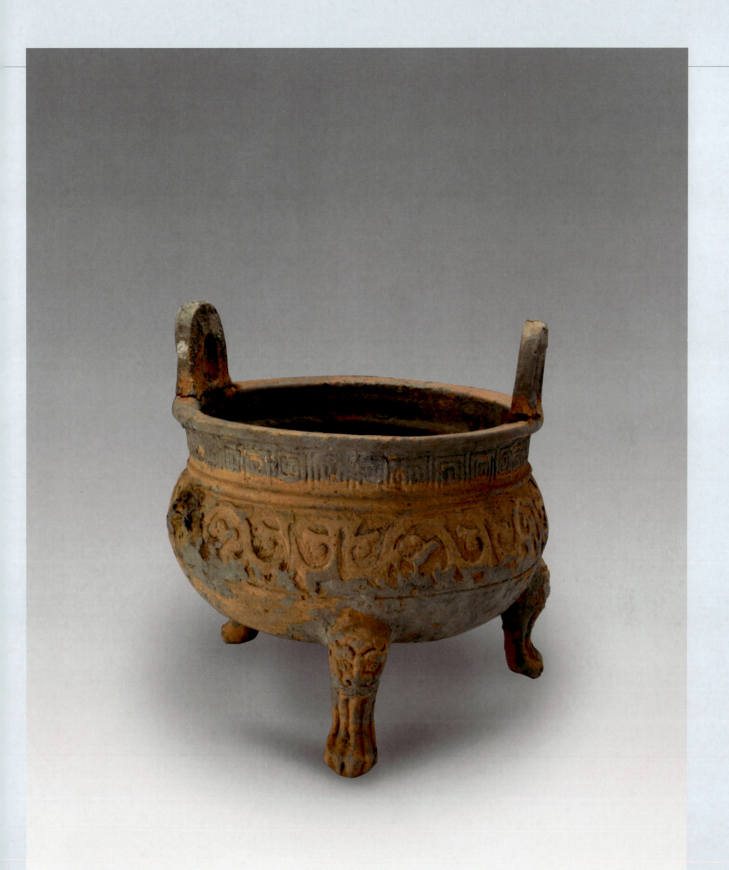

179. 陶兽足双耳炉
宋代
口径 17.6 厘米，高 18.5 厘米
王坟遗址出土

180. 陶俑

宋代

跪拜俑：长 11.8 厘米

文官俑：高 15.9 厘米

武士俑：残高 11.3 厘米

王坟遗址出土

181. 长沙窑青釉褐彩执壶

唐代

口径 8.2 厘米，底径 11 厘米，高 21.8 厘米

东厨舍遗址出土

182. 青瓷碗

唐代

口径 26.5 厘米，底径 9.9 厘米，高 10.7 厘米

长山河六里段出土

183. 青瓷双系盖罐

五代

口径 4.5 厘米，底径 7 厘米，高 13.4 厘米

征集

184. 青瓷碗

宋代

口径 16.2 厘米，底径 7.9 厘米，高 6.6 厘米

征集

185. **青瓷粉盒**

宋代

口径 6.8 厘米，底径 3.9 厘米，通高 3.5 厘米

长山河澉浦段出土

186. 吉州窑黑釉兔毫盏
宋代
口径 11.7 厘米，底径 4 厘米，高 5 厘米
长山河六里段出土

187. 建窑黑釉盏

宋代

口径 12.5 厘米，底径 4 厘米，高 6.1 厘米

王坟遗址出土

188. 青白瓷炉

宋代

口径 14.7 厘米，底径 11 厘米，高 11.1 厘米

王坟遗址出土

189. 龙泉窑青瓷碗

宋代

口径 12.3 厘米，底径 4.2 厘米，高 5.2 厘米

长山河六里段出土

190. 龙泉窑青瓷菱口盘
宋代
口径 19 厘米，底径 7.5 厘米，高 4.7 厘米
征集

191. 龙泉窑青瓷鬲式炉
宋代
口径 12.8 厘米，高 10.5 厘米
征集

192. "雄节第一指挥第三都朱记" 铜军印

北宋元祐五年（公元 1090 年）六月

长 5.4 厘米，宽 5.1 厘米，高 4.5 厘米

长山河澉浦段出土

193. "殿前司平江府许浦驻扎水军第一将印"铜军印

南宋开禧元年（公元1205年）

长5.7厘米，宽5.6厘米，高5厘米

长山河澉浦段出土

194. "嘉兴府澉浦驻扎殿前司水军第一将印"铜军印

南宋嘉定十六年（公元 1223 年）

边长 5.4 厘米，高 5.4 厘米

长山河澉浦段出土

195. "金山防海水军第二将印" 铜军印

南宋淳祐七年（公元 1247 年）

长 5.5 厘米，宽 5.5 厘米，高 4.3 厘米

长山河澉浦段出土

196. "嘉兴府澉浦驻扎殿前司水军第四将印" 铜军印

南宋开庆元年（公元 1259 年）

长 6 厘米，宽 5.8 厘米，高 5.5 厘米

长山河澉浦段出土

197. "沿海制置司定海水军第一将之印" 铜军印

南宋景定元年（公元 1260 年）

边长 5.9 厘米，高 4.9 厘米

长山河澉浦段出土

198. "嘉兴府金山防海水军统领印" 铜军印

南宋景定元年（公元 1260 年）

长 5.8 厘米，宽 5.7 厘米，高 5 厘米

长山河澉浦段出土

199. "嘉兴府驻扎殿前司金山水军统制印"铜军印

南宋德祐元年（公元 1275 年）

边长 5.6 厘米，高 5 厘米

长山河澉浦段出土

200. "嘉兴府驻扎殿前司金山水军第二将印" 铜军印

南宋德祐元年（公元 1275 年）

边长 6 厘米，高 5.7 厘米

长山河澉浦段出土

元明清时期

201. 铁质鎏金阿育王塔
元代
高 21.5 厘米，底径 8.5×8.4 厘米
镇海塔地官出土

202. 贴金铜观音造像

元代

高 24.4 厘米

镇海塔地官出土

203. 铜净瓶

元代

口径 7.8 厘米，底径 9.6 厘米，高 28.5 厘米

镇海塔地宫出土

204. 铜鬲式炉

元代

口径 17.2 厘米，高 20.8 厘米

镇海塔地宫出土

205. 铜甬钟

元代

口径 13 厘米，舞径 10.3 厘米，高 15.3 厘米

镇海塔地宫出土

206. 铜磬

元代

左边长 13.5 厘米，宽 4.8 厘米

右边长 15 厘米，宽 5 厘米

厚 0.6 厘米

镇海塔地宫出土

207. 铜壶及银质内胆

元代

铜壶：通高 55.8 厘米，底径 17.5 厘米

银质内胆：长 39.5 厘米，直径 7.8 厘米

镇海塔地宫出土

208. 铜贯耳壶

元代

口径 7.2×5.6 厘米，底径 9×6.7 厘米，高 18.8 厘米

镇海塔地宫出土

209. 叶腊石释迦牟尼造像

元代

通高分别为 19.5 厘米，21.7 厘米，19.6 厘米

镇海塔地宫出土

（顶盖砖）

210. 朱书塔砖

元代

长36厘米，宽17厘米，厚8厘米

镇海塔地宫出土

211. 龙泉窑青瓷碗

元代

口径 12 厘米，底径 3.3 厘米，高 5.4 厘米

征集

212. 龙泉窑青瓷菱口盘

元代

口径 32.6 厘米，底径 18.5 厘米，高 5.5 厘米

征集

213. 龙泉窑青瓷奁式炉

明代

口径 12.9 厘米，底径 4.1 厘米，高 7.7 厘米

长山河六里段出土

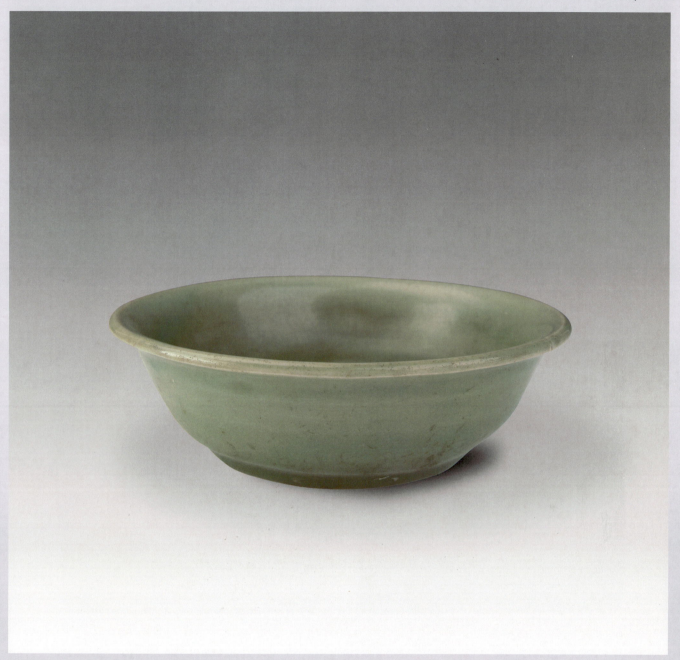

214. 龙泉窑青瓷碗

明代

口径 16.3 厘米，底径 9.5 厘米，高 4.9 厘米

征集

215. 珐华塑像

明代

高 28.8 厘米，宽 14.1 厘米，厚 5 厘米

捐赠

216. 铜狮形香炉
明代
高 22.8 厘米，长 49.6 厘米
镇海塔天宫出土

217. 玉带板（组）

明代

征集

1. 长 16.8 厘米，宽 5.8 厘米，厚 0.7 厘米

2. 长 16.9 厘米，宽 5.8 厘米，厚 0.8 厘米

3. 长 5.65 厘米，宽 2.3 厘米，厚 0.6 厘米

4. 长 8.7 厘米，宽 5.9 厘米，厚 0.8 厘米

5. 长 6.7 厘米，宽 6 厘米，厚 0.7 厘米

6. 长 5.7 厘米，宽 2.3 厘米，厚 0.7 厘米

7. 长 5.5 厘米，宽 5.1 厘米，厚 0.7 厘米

9. 长 5.4 厘米，宽 5 厘米，厚 0.7 厘米

8. 长 5.6 厘米，宽 5.1 厘米，厚 0.6 厘米

10. 长 5.5 厘米，宽 5 厘米，厚 0.7 厘米

12. 长 5.8 厘米，宽 5.5 厘米，厚 0.7 厘米

11. 长 5.5 厘米，宽 5.2 厘米，厚 0.6 厘米

218. 象形铜尊

清代

长 12.3 厘米，宽 6.9 厘米，高 15.2 厘米

镇海塔天宫出土

219. 水晶洗

清代

长 6.2 厘米，高 2.1 厘米

镇海塔天宫出土

220. 粉彩鼻烟壶

清代

口径 1.5 厘米，底径 2 厘米，高 6.3 厘米

镇海塔天官出土

221. 青花瓷瓶

清代

口径 22.8 厘米，底径 23.2 厘米，高 53.7 厘米

天宁寺征集

222. 蓝釉金彩云龙鱼缸

清代

口径 22.5 厘米，底径 11.5 厘米，高 12.4 厘米

朱瑞墓出土

后记

　　从 1957 年 11 月成立海盐县文物管理组至 1985 年 9 月海盐县博物馆单独建制，从简单的几间仓库再到现在新馆即将对外开放，海盐的文博事业在风风雨雨中度过了五十多个春秋。经过几代文博工作者的勤奋耕耘、艰苦努力，从文物调查、征集、鉴定、修复、建档到藏品保管，大量的具体工作累积成丰富的藏品。尤其是近二十年来，配合基本建设进行的大量抢救性考古发掘，使海盐县的文物藏品在数量和种类上不断增加、日趋丰富。

　　展示馆藏文物之风采，彰显海盐历史文化的深厚底蕴，取馆藏文物之精华汇集成册出版，是文博战线几代人一直以来的梦想。今天，在海盐县博物馆新馆即将对外开放之际，《盐邑瑰宝——海盐县博物馆馆藏文物精选》一书也在海盐县县委、县政府及有关部门的关心支持下得以付梓，终于遂愿。

　　本书收入的 222 件（组）文物，均是经精心梳理之具有代表性的馆藏精品。本书按时间编为四个章节，章节中再按器物类别分编。希望广大读者通过鉴赏，对海盐的文物有一个比较直观的了解，并抛砖引玉，以引起对海盐县深厚历史文化内涵的探索兴趣。由于容量有限，本书未录入书画藏品，希望以后能另行成册。

　　在本书的编纂过程中，得到了浙江省文物考古研究所刘斌、芮国耀、王宁远，浙江省博物馆黎毓馨，良渚博物院蒋卫东等研究馆员的指导与帮助。我馆同仁为本书全力以赴，在藏品录入筛选、器物拍摄与照片整理、文字编辑与修改等方面做了大量工作。在此谨向所有关心、支持本书出版的各级领导、有关单位和同仁表示衷心的感谢！

　　由于时间仓促，本书难免存在疏漏与错谬，敬祈读者批评指正。

编委会

2012 年 2 月